La Mente del Inversionista:

Desbloquea tu Potencial para el Éxito Financiero

Prólogo:

En el mundo de las inversiones, el conocimiento y la información son elementos clave para tomar decisiones financieras acertadas. Sin embargo, hay un factor igualmente importante que a menudo pasa desapercibido: la mente del inversionista. La psicología juega un papel fundamental en nuestras decisiones financieras y puede marcar la diferencia entre el éxito y el fracaso en el mercado.

En este libro, exploraremos en profundidad la relación entre la psicología y las inversiones. Nos adentraremos en el fascinante mundo de la mente humana y cómo influye en nuestras decisiones económicas. Descubriremos cómo los sesgos cognitivos pueden afectar nuestras percepciones y distorsionar nuestra capacidad para tomar decisiones racionales. Analizaremos el papel de las emociones en la toma de decisiones de inversión y cómo el miedo, la aversión a las pérdidas y la codicia pueden influir en nuestros resultados financieros.

Además, exploraremos el efecto manada y la influencia de la psicología social en las inversiones. Comprenderemos cómo nuestras decisiones pueden verse influenciadas por la opinión de la mayoría y cómo podemos evitar caer en trampas comunes. Analizaremos la importancia del autoconocimiento en el proceso de inversión y cómo nuestras propias motivaciones y sesgos pueden afectar nuestras elecciones financieras.

No solo nos enfocaremos en los aspectos psicológicos negativos de la inversión, sino que también exploraremos cómo podemos utilizar nuestras intuiciones y experiencias para tomar decisiones más acertadas. Aprenderemos a confiar en nuestro instinto y en la sabiduría que hemos adquirido a lo largo de nuestra trayectoria como inversionistas.

La paciencia y la disciplina son virtudes fundamentales en la inversión a largo plazo, y discutiremos cómo cultivar estas cualidades para alcanzar el éxito financiero. También exploraremos la importancia de la gestión del riesgo y cómo podemos minimizar las pérdidas y proteger nuestro capital en un entorno volátil.

Además, abordaremos la influencia del pasado en nuestras decisiones de inversión y cómo podemos aprender de él para tomar decisiones más informadas en el presente. Analizaremos la importancia de desarrollar un enfoque basado en datos y fundamentos sólidos para evitar caer en las trampas de la especulación y el ruido del mercado.

Diversificar nuestras inversiones y evitar la sobreexposición a riesgos también serán temas clave en este libro. Exploraremos estrategias para aprovechar las oportunidades del mercado y cómo evaluar y gestionar el rendimiento de nuestras inversiones de manera efectiva.

Finalmente, en este viaje de descubrimiento, llegaremos a conclusiones importantes sobre cómo construir una mentalidad ganadora en las inversiones. Comprenderemos la importancia de equilibrar la razón y la emoción, desarrollar una mentalidad disciplinada y perseverante, y cómo aprovechar nuestras fortalezas personales para alcanzar el éxito financiero.

Este libro no pretende ser una fórmula mágica para obtener ganancias instantáneas en el mercado. Más bien, es una guía exhaustiva y completa que combina los principios de la psicología y las estrategias de inversión para ayudarte a desbloquear tu potencial como inversionista. A través de ejemplos reales, consejos prácticos y reflexiones profundas, te invito a adentrarte en el fascinante mundo de la mente del inversionista y a descubrir cómo puedes utilizarla a tu favor para alcanzar tus metas financieras.

Capítulo 1: Introducción: La importancia de la psicología en las inversiones

En el vasto mundo de las inversiones, donde las decisiones financieras pueden llevar al éxito o al fracaso, existe un factor fundamental que a menudo se subestima: la psicología. A primera vista, podría parecer que las inversiones son simplemente una cuestión de números, análisis de mercado y estrategias financieras. Sin embargo, al examinar más de cerca este intrincado panorama, descubrimos que las emociones, los sesgos cognitivos y los patrones de pensamiento tienen un impacto profundo en nuestras decisiones de inversión.

La mente humana es compleja y, en el ámbito de las inversiones, puede desempeñar un papel crucial. Las emociones, como el miedo, la codicia y la euforia, pueden nublar nuestro juicio y llevarnos a tomar decisiones irracionales. El temor a perder dinero puede hacer que nos aferremos a inversiones perdedoras por mucho tiempo, mientras que la codicia puede cegarnos ante los riesgos potenciales. Estas reacciones emocionales pueden distorsionar nuestra percepción del mercado y llevarnos a cometer errores costosos.

Además de las emociones, nuestra mente está plagada de sesgos cognitivos, que son atajos mentales que tomamos de forma inconsciente al tomar decisiones. Estos sesgos pueden inclinarnos a preferir ciertos activos o a seguir a la multitud sin realizar un análisis profundo. Por ejemplo, el efecto manada puede llevarnos a comprar una acción simplemente porque otros inversores lo están haciendo, sin considerar la calidad o el valor real de la inversión.

Enfrentar la volatilidad del mercado y las incertidumbres económicas también puede ser un desafío psicológico significativo. Los inversores pueden experimentar ansiedad, estrés y miedo en momentos de turbulencia financiera, lo que puede llevar a decisiones impulsivas o reactivas. La incapacidad de controlar nuestras emociones y mantener una mentalidad equilibrada puede tener un impacto perjudicial en nuestras inversiones a largo plazo.

Sin embargo, no todo está perdido. La psicología también puede ser una herramienta poderosa si se comprende y se utiliza correctamente. Al conocer y comprender nuestros sesgos cognitivos y emociones, podemos adoptar medidas para contrarrestar sus efectos negativos en nuestras decisiones de inversión. La autorreflexión y el autoconocimiento se vuelven cruciales para identificar nuestros patrones de pensamiento y emocionales habituales.

La gestión de las emociones se vuelve esencial. Aprender a reconocer y controlar el miedo y la codicia nos permite tomar decisiones más racionales y objetivas. Además, el desarrollo de una mentalidad de largo plazo y la capacidad de resistir la tentación de tomar decisiones basadas en movimientos a corto plazo nos permiten aprovechar las oportunidades de inversión a largo plazo.

La psicología también puede ayudarnos a desarrollar una disciplina y paciencia necesarias para enfrentar los altibajos del mercado. Aceptar que las inversiones siempre conllevan cierto grado de riesgo nos permite tomar decisiones informadas y evitar el pánico durante los períodos de volatilidad. La comprensión de nuestras propias motivaciones y objetivos nos ayuda a establecer estrategias de inversión alineadas con nuestras necesidades y tolerancia al riesgo.

En resumen, la psicología desempeña un papel crucial en las inversiones. Comprender y gestionar nuestras emociones, reconocer nuestros sesgos cognitivos y desarrollar una mentalidad equilibrada y disciplinada son aspectos fundamentales para alcanzar el éxito financiero. En los capítulos siguientes, exploraremos en detalle los diferentes aspectos de la psicología en las inversiones y proporcionaremos estrategias prácticas para ayudarte a dominar tu mente y tomar decisiones financieras más acertadas. Recuerda, la inversión exitosa no se trata solo de números, sino de cómo nuestra mente interpreta y reacciona ante ellos.

Capítulo 2: Los sesgos cognitivos en las decisiones financieras

En el mundo de las decisiones financieras, nuestro cerebro a menudo nos juega trucos que pueden llevarnos a cometer errores costosos. Estos trucos se conocen como sesgos cognitivos, atajos mentales que tomamos de forma inconsciente al procesar la información y tomar decisiones. Aunque estos sesgos pueden ser útiles en ciertos contextos, en el ámbito de las inversiones pueden distorsionar nuestra percepción y llevarnos a tomar decisiones irracionales.

Uno de los sesgos cognitivos más comunes es el sesgo de confirmación. Este sesgo nos lleva a buscar información que confirme nuestras creencias existentes y a ignorar o descartar aquella que las contradice. En el contexto financiero, esto puede llevar a invertir en activos específicos simplemente porque encontramos información positiva que respalda nuestra visión, sin considerar evidencia contraria. Al no considerar todos los puntos de vista, corremos el riesgo de perder oportunidades valiosas o caer en inversiones poco fundamentadas.

Otro sesgo cognitivo relevante es el sesgo de anclaje. Este sesgo se refiere a nuestra tendencia a depender demasiado de una referencia inicial al tomar decisiones. Por ejemplo, si se nos presenta un precio inicial para una inversión, ese número puede actuar como un ancla que influencia nuestras percepciones de valor. Si la inversión se aleja demasiado del ancla, es posible que la consideremos sobrevalorada o infravalorada sin un análisis exhaustivo. Este sesgo puede impedirnos evaluar objetivamente las oportunidades de inversión y llevarnos a tomar decisiones basadas en valores iniciales arbitrarios.

El sesgo de exceso de confianza es otro sesgo cognitivo común en las decisiones financieras. Nos lleva a sobreestimar nuestra propia habilidad para predecir resultados o evaluar el riesgo. Este sesgo puede hacer que nos sintamos invulnerables ante las pérdidas potenciales y nos lleve a asumir más riesgos de los que deberíamos. Al confiar demasiado en nuestras habilidades, podemos ignorar señales de advertencia y tomar decisiones impulsivas o imprudentes.

El sesgo de aversión a la pérdida también influye en nuestras decisiones financieras. Este sesgo nos hace sentir el dolor de una pérdida mucho más intensamente que el placer de una ganancia equivalente. Como resultado, tendemos a evitar tomar riesgos que podrían llevar a pérdidas, incluso si las posibles ganancias superan ampliamente los riesgos. Esta aversión a la pérdida puede llevarnos a ser demasiado conservadores en nuestras inversiones y perdernos oportunidades de crecimiento.

El efecto de recencia es otro sesgo cognitivo relevante en las decisiones financieras. Este sesgo nos hace dar un peso desproporcionado a la información más reciente en lugar de considerar el panorama completo. Si recientemente hemos experimentado una serie de ganancias o pérdidas, es posible que eso influya demasiado en nuestras decisiones futuras, sin tener en cuenta el rendimiento a largo plazo. Este sesgo puede llevarnos a tomar decisiones basadas en tendencias temporales en lugar de evaluar cuidadosamente la situación actual.

Estos son solo algunos ejemplos de los sesgos cognitivos que pueden influir en nuestras decisiones financieras. Es importante reconocer que todos estamos sujetos a estos sesgos, sin importar cuán racionales creamos ser. La clave para superarlos radica en la conciencia y en la aplicación de estrategias que nos permitan contrarrestar sus efectos negativos.

Una estrategia efectiva para mitigar los sesgos cognitivos es utilizar un enfoque basado en datos y análisis objetivo. Al recopilar información de diversas fuentes y considerar diferentes puntos de vista, podemos evitar caer en el sesgo de confirmación y tomar decisiones más fundamentadas. Además, establecer reglas y límites claros antes de tomar decisiones financieras puede ayudar a contrarrestar el efecto de anclaje y evitar decisiones impulsivas.

La diversificación también es una estrategia clave para superar los sesgos cognitivos. Al distribuir nuestras inversiones en diferentes activos y sectores, reducimos el impacto de la sobreconfianza y la aversión a la pérdida. La diversificación nos permite equilibrar el riesgo y aprovechar oportunidades en diferentes áreas, en lugar de depender de una única inversión.

En conclusión, los sesgos cognitivos pueden tener un impacto significativo en nuestras decisiones financieras. Al comprender estos sesgos y aplicar estrategias para mitigar sus efectos negativos, podemos tomar decisiones más racionales y fundamentadas. La toma de decisiones consciente y basada en datos nos ayuda a evitar trampas mentales y maximizar nuestras oportunidades de inversión. En los siguientes capítulos, exploraremos más a fondo estos sesgos cognitivos y proporcionaremos herramientas y estrategias prácticas para tomar decisiones financieras más acertadas y conscientes.

Capítulo 3: El papel de las emociones en la toma de decisiones de inversión

La toma de decisiones de inversión está inextricablemente ligada a nuestras emociones. Aunque a menudo tendemos a creer que nuestras decisiones financieras se basan únicamente en un análisis racional de los datos y los fundamentos, la realidad es que nuestras emociones desempeñan un papel fundamental en cada paso del proceso. Desde la elección de una inversión hasta la gestión de riesgos y la venta de activos, nuestras emociones influyen en nuestras decisiones de inversión de manera profunda y a veces sorprendente.

Una emoción especialmente influyente en las decisiones de inversión es el miedo. El miedo a perder dinero es una reacción humana natural y comprensible. Sin embargo, cuando el miedo nos paraliza y nos impide tomar decisiones racionales, puede llevarnos a perdernos oportunidades valiosas o a quedarnos atrapados en inversiones perdedoras. El miedo puede hacer que nos aferremos a una inversión a pesar de las señales de advertencia o que vendamos de manera precipitada cuando el mercado se vuelve volátil. Es importante reconocer y controlar el miedo para evitar decisiones impulsivas basadas en la aversión al riesgo.

Por otro lado, la codicia también puede influir en nuestras decisiones de inversión. La codicia nos impulsa a buscar rendimientos rápidos y ganancias desmesuradas. Puede nublar nuestro juicio y hacernos ignorar los riesgos potenciales. La codicia puede llevarnos a invertir en esquemas arriesgados o a seguir las tendencias sin realizar un análisis adecuado. Es esencial reconocer la influencia de la codicia y mantener un enfoque equilibrado y realista hacia las inversiones.

La euforia es otra emoción que puede afectar nuestras decisiones de inversión. Cuando los mercados están en auge y los precios de los activos suben rápidamente, es fácil dejarse llevar por la emoción de la euforia y caer en la creencia de que los buenos tiempos durarán para siempre. La euforia puede llevarnos a tomar decisiones impulsivas, como invertir más dinero del que podemos permitirnos perder o tomar riesgos excesivos. Es importante recordar que los mercados son cíclicos y que la euforia no es un indicador confiable de las condiciones futuras del mercado.

Además, las emociones pueden influir en nuestras decisiones de inversión a través de sesgos cognitivos. Por ejemplo, el sesgo de confirmación nos lleva a buscar información que respalde nuestras creencias existentes, incluso si esa información es sesgada o no representa la realidad. Esto puede llevarnos a subestimar los riesgos o a ignorar señales de advertencia que podrían afectar nuestras inversiones.

Asimismo, el sesgo de aversión a la pérdida puede hacer que evitemos tomar riesgos y nos mantengamos en inversiones seguras pero de bajo rendimiento, con el fin de evitar el dolor de una pérdida.

El desafío reside en encontrar un equilibrio entre la razón y la emoción en nuestras decisiones de inversión. Reconocer nuestras emociones y ser conscientes de cómo pueden influir en nuestras decisiones nos permite tomar decisiones más informadas y racionales. Es importante aprender a gestionar y regular nuestras emociones, evitando que dominen nuestras decisiones y nos lleven a cometer errores costosos.

Una estrategia efectiva para manejar las emociones en la toma de decisiones de inversión es establecer reglas y límites claros de antemano. Esto nos ayuda a mantener la disciplina y evitar decisiones impulsivas basadas en emociones momentáneas. Además, buscar una perspectiva a largo plazo y enfocarnos en los objetivos a largo plazo puede ayudarnos a mantenernos centrados y resistir las fluctuaciones emocionales del mercado.

En conclusión, nuestras emociones desempeñan un papel crucial en la toma de decisiones de inversión. El miedo, la codicia, la euforia y otros estados emocionales pueden influir en nuestras decisiones y llevarnos a cometer errores. Reconocer y gestionar nuestras emociones, junto con un enfoque disciplinado y fundamentado en objetivos a largo plazo, nos permite tomar decisiones más racionales y fundamentadas en el mundo de las inversiones. En los siguientes capítulos, exploraremos estrategias prácticas para gestionar las emociones y tomar decisiones financieras más acertadas.

Capítulo 4: El miedo y la aversión a las pérdidas en las inversiones

El miedo y la aversión a las pérdidas son dos poderosas emociones que pueden influir significativamente en nuestras decisiones de inversión. Estas emociones son naturales y comprensibles, ya que nadie quiere perder dinero. Sin embargo, si no se gestionan adecuadamente, el miedo y la aversión a las pérdidas pueden llevarnos a cometer errores costosos y a perder oportunidades valiosas en el mundo de las inversiones.

El miedo en las inversiones surge de la incertidumbre y el riesgo inherentes al mercado financiero. Tememos perder el dinero que hemos trabajado arduamente para ganar y preocuparnos por cómo afectará nuestras vidas y futuros. El miedo puede paralizarnos, llevándonos a evitar tomar riesgos o a tomar decisiones impulsivas basadas en la aversión al riesgo. Por ejemplo, en momentos de volatilidad del mercado, el miedo puede llevarnos a vender activos de manera precipitada y perder oportunidades de recuperación.

La aversión a las pérdidas es otra emoción poderosa que puede afectar nuestras decisiones de inversión. Este fenómeno se basa en el principio psicológico de que el dolor de una pérdida es mucho más intenso que el placer de una ganancia equivalente. Es decir, nos duele más perder dinero que ganar la misma cantidad. Esta aversión nos lleva a evitar tomar riesgos que podrían llevar a pérdidas, incluso si las posibles ganancias superan ampliamente los riesgos. La aversión a las pérdidas puede hacer que nos aferremos a inversiones perdedoras en lugar de venderlas, con la esperanza de que se recuperen, lo que puede llevar a una pérdida aún mayor.

La gestión adecuada del miedo y la aversión a las pérdidas es esencial para tomar decisiones de inversión racionales y acertadas. Aquí hay algunas estrategias que pueden ayudarnos a lidiar con estas emociones:

Educación y conocimiento: Aprender sobre los mercados financieros, los ciclos económicos y las estrategias de inversión nos proporciona una base sólida de conocimiento. Cuanto más comprendamos cómo funcionan los mercados y cómo reaccionar ante diferentes escenarios, más confianza tendremos para enfrentar el miedo y la aversión a las pérdidas.

Diversificación: La diversificación de nuestras inversiones es una estrategia eficaz para reducir el riesgo y mitigar el miedo. Al invertir en diferentes activos y sectores, distribuimos el riesgo y evitamos que una pérdida en un activo afecte en gran medida nuestra cartera en general. La diversificación nos brinda un sentido de seguridad y nos ayuda a lidiar con la aversión a las pérdidas.

Establecer objetivos claros: Definir objetivos de inversión claros y realistas nos ayuda a mantener la perspectiva a largo plazo y a resistir las fluctuaciones emocionales del mercado. Al tener una visión clara de lo que queremos lograr, podemos evitar tomar decisiones basadas únicamente en el miedo a corto plazo y enfocarnos en nuestros objetivos a largo plazo.

Establecer límites y estrategias de salida: Antes de realizar una inversión, es importante establecer límites claros en cuanto a cuánto estamos dispuestos a perder y cuándo saldremos de la inversión. Tener una estrategia de salida en su lugar nos ayuda a superar el miedo de perder más dinero y a tomar decisiones basadas en un plan preestablecido.

Mantener una mentalidad equilibrada: Es crucial mantener una mentalidad equilibrada y objetiva al tomar decisiones de inversión. Reconocer y aceptar que las pérdidas son una parte natural del proceso nos ayuda a superar el miedo y a tomar decisiones fundamentadas. En lugar de dejar que las emociones dicten nuestras acciones, debemos confiar en un enfoque racional y en la información disponible.

El miedo y la aversión a las pérdidas son emociones intrínsecas en la toma de decisiones de inversión. Sin embargo, aprender a gestionar estas emociones de manera adecuada es fundamental para lograr un enfoque equilibrado y racional en nuestras inversiones. Al educarnos, diversificar nuestras inversiones, establecer objetivos claros y mantener una mentalidad equilibrada, podemos superar los efectos negativos del miedo y la aversión a las pérdidas y tomar decisiones financieras más acertadas y conscientes.

En los siguientes capítulos, exploraremos más a fondo estrategias prácticas para gestionar el miedo y la aversión a las pérdidas, y cómo utilizar estas emociones de manera constructiva en nuestras decisiones de inversión.

Capítulo 5: La codicia y la sobreconfianza: Los peligros de la avaricia en los mercados

La codicia y la sobreconfianza son dos emociones peligrosas que pueden ejercer un impacto significativo en nuestras decisiones de inversión. Estas emociones pueden llevarnos a tomar riesgos excesivos, descuidar el análisis adecuado y caer en trampas peligrosas en los mercados financieros. Es fundamental comprender los peligros asociados con la avaricia y la sobreconfianza para evitar cometer errores costosos y preservar nuestra salud financiera.

La codicia se manifiesta cuando nos dejamos llevar por el deseo de obtener ganancias rápidas y desmesuradas. Nos sentimos atraídos por las promesas de rendimientos excepcionales y nos obsesionamos con la idea de hacer crecer nuestras inversiones a toda costa. Sin embargo, esta obsesión puede nublar nuestro juicio y llevarnos a tomar decisiones impulsivas sin considerar los riesgos subyacentes. La codicia puede hacer que ignoremos las señales de advertencia, nos embarquemos en esquemas de inversión arriesgados o sigamos las modas del mercado sin una base sólida. En última instancia, la codicia puede llevar a pérdidas significativas y a dañar nuestra estabilidad financiera.

La sobreconfianza es otra trampa emocional común en los mercados financieros. Cuando estamos experimentando una racha de éxitos o hemos obtenido ganancias significativas en nuestras inversiones, es fácil caer en la trampa de creer que tenemos un conocimiento superior o habilidades especiales que nos permitirán continuar ganando. La sobreconfianza nos lleva a subestimar los riesgos y sobrevalorar nuestras capacidades, lo que puede llevarnos a tomar decisiones imprudentes y exponernos a pérdidas importantes. La sobreconfianza también puede hacer que descuidemos el análisis adecuado, confiando en exceso en nuestra intuición o en información limitada.

Es fundamental reconocer los peligros asociados con la codicia y la sobreconfianza y adoptar estrategias para contrarrestar estos impulsos emocionales:

Mantener una mentalidad realista: Es importante mantener una mentalidad realista y objetiva en nuestras decisiones de inversión. Reconocer que no hay garantías de ganancias y que todos los mercados están sujetos a fluctuaciones nos ayuda a evitar caer en la trampa de la codicia y la sobreconfianza. Ser conscientes de la posibilidad de pérdidas nos mantiene alerta y nos impide tomar riesgos excesivos.

Establecer límites y seguir una estrategia: Establecer límites claros en cuanto al riesgo que estamos dispuestos a asumir y seguir una estrategia de inversión disciplinada nos ayuda a contrarrestar los efectos de la codicia y la sobreconfianza. Tener un plan preestablecido nos brinda una guía objetiva y nos ayuda a resistir la tentación de tomar decisiones emocionales basadas en la avaricia.

Diversificar las inversiones: La diversificación de nuestras inversiones es una estrategia eficaz para mitigar los riesgos asociados con la codicia y la sobreconfianza. Al distribuir nuestras inversiones en diferentes activos y sectores, reducimos la exposición a un solo activo o mercado y evitamos depender en exceso de un solo resultado.

Buscar una perspectiva externa: Recibir comentarios y asesoramiento de profesionales financieros o de personas con experiencia en inversiones puede ser valioso para contrarrestar la codicia y la sobreconfianza. Una opinión objetiva y basada en análisis sólidos puede ayudarnos a tomar decisiones más equilibradas y racionales.

Practicar la humildad: Reconocer que siempre hay más por aprender y que nadie puede predecir el futuro de manera precisa nos mantiene humildes y nos impide caer en la trampa de la avaricia. Aceptar que podemos cometer errores y estar dispuestos a aprender de ellos nos ayuda a evitar decisiones impulsivas basadas en la sobreconfianza.

En conclusión, la codicia y la sobreconfianza son emociones peligrosas que pueden llevarnos por el camino equivocado en los mercados financieros. Reconocer los peligros asociados con estas emociones y adoptar estrategias para contrarrestarlas nos ayuda a tomar decisiones de inversión más informadas y racionales. Mantener una mentalidad realista, establecer límites claros, diversificar nuestras inversiones, buscar perspectivas externas y practicar la humildad son elementos clave para protegernos de los riesgos de la avaricia en los mercados. En los siguientes capítulos, exploraremos más a fondo cómo superar estos desafíos emocionales y tomar decisiones financieras más acertadas y conscientes.

Capítulo 6: El efecto manada y la influencia de la psicología social en las inversiones

La psicología social desempeña un papel fundamental en nuestras decisiones de inversión. Uno de los fenómenos más prominentes en este campo es el efecto manada, que se refiere a la tendencia de las personas a seguir las decisiones y acciones de la mayoría, en lugar de tomar decisiones de manera independiente y fundamentada. Este efecto puede tener un impacto significativo en los mercados financieros y puede llevar a comportamientos irracionales y a la formación de burbujas especulativas.

El efecto manada se basa en el principio de que los seres humanos tienen una necesidad innata de pertenecer y de evitar el aislamiento social. Cuando nos encontramos en situaciones de incertidumbre, tendemos a buscar seguridad y validación en el comportamiento de los demás. Esta tendencia puede llevar a una sobrevaloración o subvaloración de los activos, ya que las personas se dejan llevar por las emociones colectivas y la influencia de la masa.

En los mercados financieros, el efecto manada puede generar una dinámica en la que los inversores siguen ciegamente las decisiones de otros, sin realizar un análisis independiente. Esto puede llevar a una falta de diversificación, ya que todos los inversores se concentran en los mismos activos o sectores, lo que aumenta la volatilidad y el riesgo del mercado. Además, cuando una burbuja especulativa comienza a formarse, la influencia de la psicología social puede exacerbarla, ya que más y más inversores se unen a la manada por temor a perder oportunidades de ganancias.

Para contrarrestar los efectos negativos del efecto manada y la influencia de la psicología social en las inversiones, es importante adoptar un enfoque crítico y fundamentado. Aquí hay algunas estrategias que pueden ayudarnos a tomar decisiones más racionales y conscientes:

Realizar una investigación exhaustiva: Antes de realizar una inversión, es crucial realizar un análisis independiente y fundamentado. Investigar los fundamentos de una empresa, analizar las condiciones del mercado y considerar diferentes perspectivas nos brinda una base sólida para tomar decisiones informadas, en lugar de simplemente seguir las tendencias de la manada.

Mantenerse informado: Estar al tanto de las noticias y acontecimientos relevantes en los mercados financieros nos ayuda a comprender mejor las tendencias y tomar decisiones informadas. Sin embargo, es importante filtrar la información y no dejarse llevar por la sobreexposición a la opinión pública.

Cultivar el pensamiento crítico: Desarrollar habilidades de pensamiento crítico nos permite cuestionar y evaluar de manera objetiva la información que recibimos. Esto nos ayuda a resistir la influencia de la psicología social y a tomar decisiones basadas en fundamentos sólidos.

Buscar diferentes perspectivas: Escuchar y considerar diferentes opiniones y puntos de vista nos ayuda a obtener una visión más completa y equilibrada de una situación. Esto nos permite evaluar de manera más precisa los riesgos y las oportunidades de inversión, evitando caer en la trampa de seguir ciegamente a la manada.

Mantener una mentalidad contrarian: Adoptar una mentalidad contrarian implica no dejarse llevar por las emociones colectivas y buscar oportunidades cuando otros están en pánico o evitando ciertos activos. Esto puede ayudarnos a encontrar valor en momentos en que la manada se está comportando de manera irracional.

Al comprender la influencia de la psicología social y el efecto manada en las inversiones, podemos tomar decisiones más fundamentadas y conscientes. Al realizar una investigación exhaustiva, mantenernos informados, cultivar el pensamiento crítico, buscar diferentes perspectivas y mantener una mentalidad contrarian, podemos protegernos de los sesgos emocionales y aprovechar las oportunidades en los mercados financieros. En los siguientes capítulos, exploraremos más a fondo cómo utilizar la psicología social en nuestro beneficio y cómo evitar los peligros asociados con el efecto manada.

Capítulo 7: Toma de decisiones racionales vs. emocionales: cómo encontrar el equilibrio

En el ámbito de las inversiones, la toma de decisiones puede estar influenciada tanto por factores racionales como emocionales. Mientras que la toma de decisiones racionales se basa en un análisis objetivo y en la evaluación de datos, la toma de decisiones emocionales se ve impulsada por nuestras emociones, intuiciones y sesgos cognitivos. Encontrar el equilibrio adecuado entre estos dos enfoques es fundamental para tomar decisiones financieras sólidas y conscientes.

Comprender los sesgos cognitivos: Los sesgos cognitivos son patrones de pensamiento que nos llevan a tomar decisiones irracionales y a cometer errores sistemáticos. Algunos ejemplos comunes de sesgos cognitivos en las decisiones financieras incluyen la aversión a las pérdidas, el exceso de confianza y la influencia de la información reciente. Al conocer estos sesgos, podemos estar más alertas y evitar caer en trampas mentales que podrían sesgar nuestras decisiones.

Evaluar la información objetivamente: Es importante evaluar la información de manera objetiva y fundamentada al tomar decisiones de inversión. Esto implica analizar los fundamentos de una empresa, considerar las condiciones del mercado y evaluar los riesgos y las oportunidades de manera equilibrada. Al evitar la influencia de las emociones y los prejuicios, podemos tomar decisiones más racionales y conscientes.

Reconocer y gestionar las emociones: Las emociones desempeñan un papel significativo en nuestras decisiones de inversión. Es importante reconocer nuestras emociones y cómo pueden influir en nuestro juicio. Si nos encontramos tomando decisiones impulsivas basadas en el miedo o la euforia, debemos dar un paso atrás, tomar un respiro y evaluar la situación de manera más racional. La gestión emocional nos ayuda a mantener la claridad mental y a tomar decisiones más fundamentadas.

Establecer objetivos claros: Al establecer objetivos claros en nuestras inversiones, podemos evitar tomar decisiones emocionales impulsivas. Tener una visión clara de lo que queremos lograr nos ayuda a mantener el enfoque a largo plazo y a evitar caer en las fluctuaciones emocionales a corto plazo. Establecer metas realistas y medibles nos brinda una guía para tomar decisiones racionales y seguir un plan coherente.

Buscar asesoramiento profesional: Recibir asesoramiento profesional de expertos financieros puede ser beneficioso para encontrar el equilibrio entre las decisiones racionales y emocionales. Estos profesionales pueden proporcionar información objetiva y basada en análisis sólidos, ayudándonos a tomar decisiones más informadas y conscientes.

Encontrar el equilibrio entre la toma de decisiones racionales y emocionales es esencial para tener éxito en las inversiones. Al comprender los sesgos cognitivos, evaluar la información de manera objetiva, gestionar las emociones, establecer objetivos claros y buscar asesoramiento profesional, podemos tomar decisiones más equilibradas y fundamentadas. En los siguientes capítulos, exploraremos estrategias prácticas para integrar estos enfoques y maximizar nuestro potencial como inversores conscientes.

Capítulo 8: La importancia del autoconocimiento en el proceso de inversión

En el mundo de las inversiones, a menudo se pasa por alto un aspecto crucial: el autoconocimiento. Comprender quiénes somos, nuestras fortalezas y debilidades, nuestras metas financieras y nuestras actitudes hacia el riesgo es fundamental para tomar decisiones de inversión informadas y coherentes. El autoconocimiento nos brinda una base sólida desde la cual podemos desarrollar estrategias personalizadas y adaptadas a nuestras necesidades y objetivos específicos.

Identificar nuestras metas financieras: Antes de comenzar cualquier actividad de inversión, es esencial tener claridad sobre nuestras metas financieras a corto, mediano y largo plazo. ¿Estamos buscando generar ingresos adicionales, ahorrar para la jubilación o alcanzar objetivos específicos, como la compra de una casa? Al comprender nuestras metas, podemos desarrollar una estrategia de inversión que esté alineada con ellas y nos ayude a alcanzar nuestros objetivos.

Evaluar nuestra tolerancia al riesgo: El riesgo es una parte inherente de la inversión, y cada individuo tiene una tolerancia diferente hacia él. Al comprender nuestra aversión o aceptación al riesgo, podemos seleccionar inversiones que se ajusten a nuestro perfil de riesgo y nos brinden una sensación de comodidad. Si somos propensos a la ansiedad y al estrés relacionados con las fluctuaciones del mercado, es posible que prefiramos inversiones más conservadoras. Por otro lado, si tenemos una mayor tolerancia al riesgo y buscamos mayores rendimientos, podríamos estar dispuestos a asumir inversiones más arriesgadas.

Reconocer nuestras fortalezas y debilidades: Todos tenemos habilidades y conocimientos únicos, así como áreas en las que nos sentimos menos seguros. Al identificar nuestras fortalezas y debilidades en el ámbito de la inversión, podemos tomar decisiones informadas sobre qué tipo de activos o estrategias se alinean mejor con nuestras habilidades. Además, ser conscientes de nuestras debilidades nos permite buscar apoyo o educación adicional en esas áreas específicas, para mejorar nuestra capacidad de tomar decisiones financieras sólidas.

Controlar nuestras emociones: La inversión está llena de emociones, como el miedo, la codicia y la impaciencia. El autoconocimiento nos permite reconocer y controlar nuestras emociones para evitar que influyan en nuestras decisiones de inversión. Si somos propensos a tomar decisiones impulsivas en momentos de pánico o a sobrevalorar nuestras habilidades en momentos de euforia, debemos ser conscientes de ello y desarrollar estrategias para manejar nuestras emociones de manera más efectiva.

Aprender de nuestras experiencias pasadas: El autoconocimiento implica reflexionar sobre nuestras experiencias pasadas en el ámbito de la inversión y aprender de ellas. ¿Qué decisiones fueron acertadas y cuáles resultaron en pérdidas? Al analizar nuestras experiencias pasadas, podemos identificar patrones de comportamiento y mejorar nuestra toma de decisiones futuras. Además, también podemos reconocer qué tipo de inversiones se ajustan mejor a nuestra personalidad y estilo de inversión.

El autoconocimiento es una herramienta poderosa que nos permite tomar decisiones de inversión más conscientes y alineadas con nuestros objetivos y valores. Al identificar nuestras metas financieras, evaluar nuestra tolerancia al riesgo, reconocer nuestras fortalezas y debilidades, controlar nuestras emociones y aprender de nuestras experiencias pasadas, podemos desarrollar una estrategia de inversión que refleje quiénes somos como individuos.

Capítulo 9: Estrategias para gestionar el miedo y la ansiedad en el mercado

El miedo y la ansiedad son emociones comunes que pueden surgir en el mundo de las inversiones. La volatilidad del mercado, las noticias económicas y las fluctuaciones de los precios pueden generar incertidumbre y desencadenar respuestas emocionales negativas. Sin embargo, es importante aprender a gestionar estas emociones para tomar decisiones de inversión más racionales y evitar reacciones impulsivas que puedan perjudicar nuestra cartera. A continuación, se presentan algunas estrategias efectivas para manejar el miedo y la ansiedad en el mercado.

Educarse sobre el mercado: El conocimiento es una herramienta poderosa para combatir el miedo. Aprender sobre los fundamentos de la inversión, comprender cómo funcionan los mercados financieros y familiarizarse con los términos y conceptos clave puede ayudar a reducir la incertidumbre y proporcionar una sensación de control. La educación financiera nos permite tomar decisiones informadas y confiar en nuestro conocimiento para contrarrestar el miedo irracional.

Mantener una perspectiva a largo plazo: El mercado es inherentemente volátil y experimenta altibajos en el corto plazo. Mantener una perspectiva a largo plazo nos permite ver más allá de las fluctuaciones diarias y enfocarnos en las tendencias generales y los fundamentos sólidos de las inversiones. Recordar que las inversiones exitosas requieren tiempo y paciencia puede ayudarnos a reducir la ansiedad y tomar decisiones más fundamentadas.

Diversificar la cartera de inversiones: La diversificación es una estrategia clave para reducir el riesgo y mitigar el impacto de la volatilidad del mercado. Al distribuir nuestras inversiones en diferentes clases de activos, sectores y regiones geográficas, podemos protegernos de las fluctuaciones extremas de un solo activo o sector.

Esta diversificación brinda un mayor grado de estabilidad y puede ayudar a gestionar el miedo al evitar una exposición excesiva a cualquier activo en particular.

Establecer un plan de inversión sólido: Tener un plan de inversión claro y bien definido puede ayudar a controlar el miedo y la ansiedad en el mercado. Al establecer metas financieras, plazos y niveles de riesgo, podemos tomar decisiones de inversión más racionales y coherentes con nuestro plan a largo plazo. Seguir un plan preestablecido nos brinda un sentido de dirección y nos permite evitar reacciones impulsivas basadas en el miedo o la euforia del mercado.

Utilizar estrategias de gestión de riesgos: La gestión del riesgo es fundamental para controlar el miedo en las inversiones. Establecer límites de pérdidas y utilizar órdenes de stop-loss puede ayudar a proteger nuestra cartera en caso de movimientos adversos del mercado.

Además, el uso de técnicas como el promedio de costos en dólares y la asignación de activos equilibrada puede proporcionar una mayor estabilidad en momentos de volatilidad y reducir el estrés asociado con las fluctuaciones del mercado.

Practicar el autocontrol emocional: El autocontrol emocional es esencial para manejar el miedo y la ansiedad en el mercado. Reconocer nuestras emociones y ser conscientes de cómo pueden influir en nuestras decisiones nos permite tomar un paso atrás y evaluar la situación de manera más objetiva. La respiración profunda, la meditación y otras técnicas de relajación pueden ayudar a reducir la ansiedad y mantener la calma en momentos de incertidumbre.

Gestionar el miedo y la ansiedad en el mercado es fundamental para tomar decisiones de inversión informadas y coherentes. Al educarnos sobre el mercado, mantener una perspectiva a largo plazo, diversificar nuestra cartera, establecer un plan de inversión sólido, utilizar estrategias de gestión de riesgos y practicar el autocontrol emocional, podemos reducir la influencia negativa de estas emociones y tomar decisiones financieras más racionales.

Capítulo 10: Cómo superar la influencia de los medios y la volatilidad del mercado

En el mundo actual, los medios de comunicación juegan un papel significativo en la forma en que percibimos el mercado financiero. Los titulares llamativos, los análisis sensacionalistas y la constante cobertura de la volatilidad del mercado pueden generar ansiedad y afectar nuestras decisiones de inversión. Sin embargo, es crucial aprender a superar la influencia de los medios y mantener una perspectiva objetiva y fundamentada. A continuación, exploraremos estrategias efectivas para lidiar con esta influencia y la volatilidad del mercado.

Desarrollar pensamiento crítico: El pensamiento crítico es fundamental para filtrar la información que recibimos de los medios y evaluarla de manera objetiva. En lugar de aceptar ciegamente los titulares y las opiniones de los expertos, es importante hacer preguntas, investigar y buscar diferentes fuentes de información. Esto nos permite obtener una visión más completa y precisa de la situación del mercado, evitando caer en el sensacionalismo o la exageración.

Establecer filtros de información: En el mundo digital, estamos expuestos a una avalancha constante de noticias y análisis del mercado. Para evitar sentirnos abrumados y influenciados por esta información, es útil establecer filtros de información. Podemos seleccionar fuentes confiables y autorizadas, limitar nuestro tiempo de exposición a las noticias y establecer límites para evitar la saturación de información. Al hacerlo, podemos mantenernos enfocados en los aspectos relevantes y evitar dejarnos llevar por las fluctuaciones diarias del mercado.

Mantener una visión a largo plazo: La volatilidad del mercado puede ser desconcertante y generar ansiedad.

Sin embargo, mantener una visión a largo plazo nos ayuda a poner las fluctuaciones en perspectiva. Recordemos que el mercado tiende a recuperarse a largo plazo y que las inversiones sólidas se basan en fundamentos sólidos. Al centrarnos en nuestros objetivos a largo plazo y resistir la tentación de reaccionar ante los altibajos diarios, podemos tomar decisiones más racionales y evitar el estrés innecesario.

Seguir un enfoque basado en datos y análisis: En lugar de depender exclusivamente de las opiniones de los medios, es importante basar nuestras decisiones de inversión en datos y análisis fundamentales. Al estudiar los informes financieros, los indicadores económicos y las tendencias del mercado, podemos obtener una visión más objetiva y fundamentada. La información basada en hechos nos ayuda a tomar decisiones informadas y evita que nos dejemos llevar por el ruido mediático.

Consultar a asesores financieros profesionales: Los asesores financieros profesionales pueden ser recursos valiosos para superar la influencia de los medios y la volatilidad del mercado. Estos expertos tienen conocimientos y experiencia en la gestión de inversiones y pueden brindarnos asesoramiento objetivo y personalizado. Al trabajar con un asesor financiero de confianza, podemos contar con su experiencia para filtrar la información y tomar decisiones de inversión sólidas basadas en nuestros objetivos y tolerancia al riesgo.

Cultivar la disciplina y la paciencia: La disciplina y la paciencia son cualidades esenciales para superar la influencia de los medios y la volatilidad del mercado. Debemos resistir la tentación de tomar decisiones impulsivas basadas en los titulares o las emociones del momento. En su lugar, debemos mantenernos fieles a nuestra estrategia de inversión a largo plazo y tener confianza en los fundamentos sólidos de nuestras decisiones.

Al aplicar estas estrategias, podemos superar la influencia negativa de los medios y mantener una perspectiva más objetiva frente a la volatilidad del mercado. Al final del día, la clave está en tomar decisiones informadas y racionales basadas en nuestros objetivos financieros y en un análisis sólido de la situación.

Capítulo 11: Aprender a confiar en la intuición y la experiencia en las inversiones

En el mundo de las inversiones, a menudo se hace hincapié en el análisis racional, los datos y los fundamentos sólidos. Sin embargo, existe otro aspecto importante a considerar: la intuición y la experiencia. La intuición puede ser definida como una forma de conocimiento instantáneo y subconsciente que surge sin un razonamiento lógico evidente. Aunque puede parecer contradictorio confiar en algo que no puede ser completamente explicado o demostrado, aprender a utilizar la intuición y la experiencia en las inversiones puede ser una herramienta poderosa.

Comprender la intuición en las inversiones: La intuición es una forma de conocimiento que se basa en nuestra experiencia, nuestro subconsciente y nuestra capacidad de reconocer patrones y señales no verbales.

Aunque puede parecer inexplicable, la intuición puede ser una guía valiosa en la toma de decisiones de inversión. A través de la observación constante del mercado, la familiarización con diferentes situaciones y el análisis de nuestras experiencias pasadas, podemos desarrollar un sentido intuitivo que nos ayude a tomar decisiones informadas.

Validar la intuición con datos y análisis: Aunque la intuición puede ser una herramienta valiosa, no debe ser utilizada de forma aislada. Es importante respaldar nuestras intuiciones con datos y análisis sólidos. La combinación de nuestra intuición y nuestra capacidad de análisis racional puede brindarnos una visión más completa y fundamentada. Al validar nuestras intuiciones con hechos y datos, podemos aumentar nuestra confianza en nuestras decisiones de inversión.

Desarrollar la experiencia: La experiencia desempeña un papel fundamental en la confianza en la intuición en las inversiones. A medida que adquirimos más conocimiento y nos enfrentamos a una variedad de situaciones del mercado, desarrollamos una base de experiencia que nos permite reconocer patrones y tendencias. La experiencia nos proporciona un contexto invaluable y nos permite tomar decisiones más rápidas y efectivas. Es importante aprovechar las oportunidades para aprender y adquirir experiencia en diferentes tipos de inversiones y condiciones del mercado.

Mantener un diario de inversiones: Mantener un diario de inversiones es una herramienta efectiva para aprovechar nuestra intuición y experiencia. Al registrar nuestras decisiones de inversión, nuestras intuiciones iniciales y los resultados obtenidos, podemos analizar retrospectivamente nuestras decisiones y aprender de ellas. El diario de inversiones nos ayuda a identificar patrones y tendencias en nuestra toma de decisiones y nos permite ajustar y mejorar nuestra estrategia a lo largo del tiempo.

Cultivar la confianza y la paciencia: Confíar en nuestra intuición y experiencia en las inversiones requiere de confianza en nosotros mismos y paciencia para permitir que nuestras decisiones maduren y se desarrollen. Es importante recordar que la confianza en la intuición no significa actuar impulsivamente o ignorar el análisis racional. Más bien, se trata de utilizar nuestra intuición y experiencia como complementos a nuestro proceso de toma de decisiones y tener la confianza suficiente para seguir nuestro instinto cuando las señales sean claras.

Continuar aprendiendo y adaptándose: La confianza en la intuición y la experiencia en las inversiones no es un proceso estático. Es fundamental seguir aprendiendo, mantenerse actualizado con las tendencias del mercado y adaptarse a los cambios en el entorno económico. La combinación de conocimiento, intuición y experiencia nos ayuda a tomar decisiones más informadas y eficaces a lo largo del tiempo.

Aprender a confiar en la intuición y la experiencia en las inversiones puede ser un proceso desafiante pero gratificante. Al combinar la intuición con el análisis racional, la validación de datos y la experiencia adquirida, podemos desarrollar un enfoque más completo y fundamentado en nuestras decisiones de inversión.

Capítulo 12: La importancia de la paciencia y la disciplina en la inversión a largo plazo

En el mundo de las inversiones, la paciencia y la disciplina son dos cualidades esenciales para lograr el éxito a largo plazo. A menudo, los inversores se ven tentados por la búsqueda de ganancias rápidas y la emoción de seguir las tendencias del mercado. Sin embargo, es importante recordar que la inversión a largo plazo requiere un enfoque paciente y disciplinado. En este capítulo, exploraremos en detalle la importancia de cultivar estas cualidades y cómo pueden beneficiar nuestras estrategias de inversión.

Comprender la naturaleza del mercado: El mercado financiero es intrínsecamente volátil y está sujeto a fluctuaciones diarias. Sin embargo, a lo largo del tiempo, tiende a generar retornos positivos. La paciencia nos permite resistir las fluctuaciones a corto plazo y mantenernos enfocados en nuestros objetivos a largo plazo. Comprender que el mercado es cíclico y que los períodos de baja pueden ser seguidos por períodos de recuperación nos ayuda a evitar decisiones precipitadas basadas en el miedo o la euforia.

Evitar la especulación y el timing del mercado: La paciencia y la disciplina nos ayudan a evitar la trampa de la especulación y el timing del mercado. Intentar predecir los movimientos del mercado a corto plazo es extremadamente difícil, incluso para los expertos. En lugar de buscar ganancias rápidas, la inversión a largo plazo se basa en la construcción de una cartera sólida y diversificada, y en la permanencia en el mercado a lo largo del tiempo. La disciplina nos ayuda a mantenernos fieles a nuestra estrategia de inversión y evitar decisiones impulsivas basadas en el ruido del mercado.

Aprovechar el poder del interés compuesto: Uno de los beneficios clave de la inversión a largo plazo es el poder del interés compuesto. A medida que reinvertimos nuestros retornos y los dejamos crecer a lo largo del tiempo, podemos generar un crecimiento exponencial de nuestras inversiones. Sin embargo, el interés compuesto requiere tiempo para funcionar plenamente. La paciencia nos permite darle tiempo a nuestras inversiones para que crezcan y cosechen los beneficios a largo plazo.

Resistir las influencias emocionales: La inversión puede ser emocionalmente desafiante, especialmente en momentos de volatilidad del mercado. La paciencia y la disciplina nos ayudan a resistir las influencias emocionales y mantenernos enfocados en nuestra estrategia a largo plazo. La disciplina nos permite establecer límites y seguir un plan de inversión predefinido, evitando reacciones impulsivas a los cambios del mercado. Al mantener la disciplina y la paciencia, evitamos tomar decisiones basadas en el miedo o la codicia y nos enfocamos en nuestro horizonte de inversión a largo plazo.

Ajustar y reevaluar periódicamente: Aunque la paciencia y la disciplina son importantes en la inversión a largo plazo, eso no significa que debamos ser inflexibles. Es importante realizar ajustes y reevaluaciones periódicas de nuestras inversiones. Esto implica revisar regularmente nuestro portafolio, evaluar el desempeño de nuestras inversiones y realizar cambios si es necesario. La paciencia nos ayuda a evitar cambios impulsivos, mientras que la disciplina nos permite ser objetivos y tomar decisiones fundamentadas cuando sea necesario.

En resumen, la paciencia y la disciplina son cualidades esenciales para lograr el éxito en la inversión a largo plazo. Nos permiten resistir la volatilidad del mercado, evitar decisiones impulsivas y aprovechar el poder del interés compuesto. Al cultivar estas cualidades, podemos mantenernos enfocados en nuestros objetivos a largo plazo y evitar caer en las trampas de la especulación y el timing del mercado.

Capítulo 13: La gestión del riesgo: cómo minimizar las pérdidas y proteger el capital

En el mundo de las inversiones, el riesgo es una realidad que debemos enfrentar. Sin embargo, la gestión del riesgo es una parte fundamental para proteger nuestro capital y minimizar las pérdidas. En este capítulo, exploraremos en detalle cómo podemos gestionar de manera efectiva el riesgo en nuestras inversiones.

Diversificación: La diversificación es una estrategia clave para gestionar el riesgo. Consiste en invertir en una variedad de activos y clases de activos, en lugar de poner todo nuestro capital en una sola inversión. Al diversificar nuestra cartera, podemos reducir la exposición a eventos adversos que puedan afectar a un solo activo o sector. Una cartera diversificada puede ayudar a mitigar las pérdidas potenciales al tiempo que permite la oportunidad de obtener ganancias en diferentes áreas.

Establecer límites de pérdida: Es importante establecer límites de pérdida claros y seguirlos de manera disciplinada. Antes de realizar una inversión, debemos determinar el nivel de pérdida que estamos dispuestos a tolerar y establecer un punto de salida si el valor de la inversión cae por debajo de ese nivel. Establecer límites de pérdida nos ayuda a proteger nuestro capital y evitar pérdidas significativas en caso de que una inversión no se desarrolle como esperábamos.

Utilizar órdenes de stop-loss: Las órdenes de stop-loss son herramientas eficaces para gestionar el riesgo. Estas órdenes permiten establecer un precio de venta predeterminado para una inversión. Si el precio cae a ese nivel, la orden se activa y la inversión se vende automáticamente, limitando las pérdidas. Las órdenes de stop-loss nos brindan una protección adicional al tiempo que nos permiten aprovechar las oportunidades de ganancias.

Establecer un horizonte de inversión adecuado: La gestión del riesgo también implica considerar nuestro horizonte de inversión. El tiempo que estamos dispuestos a mantener una inversión puede influir en la tolerancia al riesgo y en las estrategias que utilizamos. Las inversiones a largo plazo generalmente tienen un mayor potencial de crecimiento, pero también pueden enfrentar periodos de volatilidad a corto plazo. Es importante tener claridad sobre nuestro horizonte de inversión y tomar decisiones acordes a nuestros objetivos y necesidades financieras.

Realizar un análisis fundamental y técnico: La gestión del riesgo implica realizar un análisis sólido de las inversiones antes de realizarlas. El análisis fundamental nos permite evaluar los fundamentos financieros de una empresa o activo, como sus ingresos, deudas y perspectivas de crecimiento. El análisis técnico, por otro lado, se centra en los patrones de precios y las tendencias del mercado. Al combinar ambos enfoques, podemos tomar decisiones más informadas y reducir el riesgo de inversiones desfavorables.

Mantenerse informado y actualizado: La gestión del riesgo también implica estar al tanto de los acontecimientos económicos, políticos y empresariales que pueden afectar nuestras inversiones. Mantenerse informado nos ayuda a tomar decisiones fundamentadas y a realizar ajustes en nuestra cartera cuando sea necesario. El acceso a fuentes confiables de información y el seguimiento regular del mercado nos brindan una ventaja al gestionar el riesgo.

En resumen, la gestión del riesgo es una parte esencial de cualquier estrategia de inversión exitosa. La diversificación, establecer límites de pérdida, utilizar órdenes de stop-loss, considerar el horizonte de inversión, realizar análisis sólidos y mantenerse informado son algunas de las estrategias clave para minimizar las pérdidas y proteger nuestro capital. Al aplicar estas estrategias y ser disciplinados en su implementación, podemos aumentar nuestras posibilidades de éxito a largo plazo en el mundo de las inversiones.

Capítulo 14: El impacto de las expectativas y la mentalidad en las inversiones

En el emocionante mundo de las inversiones, nuestras expectativas y mentalidad juegan un papel crucial en nuestros resultados. La forma en que percibimos el mercado, las oportunidades y los resultados potenciales puede influir significativamente en nuestras decisiones de inversión. En este capítulo, exploraremos en detalle el impacto de las expectativas y la mentalidad en las inversiones, y cómo podemos desarrollar una mentalidad adecuada para maximizar nuestras oportunidades de éxito.

La influencia de las expectativas: Nuestras expectativas son la base sobre la cual tomamos decisiones de inversión. Si tenemos expectativas excesivamente optimistas, podemos caer en la trampa de tomar decisiones impulsivas o correr riesgos excesivos. Por otro lado, si nuestras expectativas son demasiado pesimistas, podríamos perder oportunidades valiosas. Es importante tener expectativas realistas y fundamentadas en datos y análisis sólidos. Esto nos ayuda a evitar reacciones emocionales exageradas y a tomar decisiones basadas en información sólida en lugar de en suposiciones infundadas.

La mentalidad de crecimiento: Una mentalidad de crecimiento es fundamental para tener éxito en las inversiones. En lugar de ver los errores o las pérdidas como fracasos permanentes, una mentalidad de crecimiento nos permite aprender de ellos y seguir mejorando. Esta mentalidad nos impulsa a buscar oportunidades de aprendizaje y a ser flexibles en nuestra estrategia. La creencia de que podemos desarrollar nuestras habilidades y conocimientos nos ayuda a enfrentar los desafíos con resiliencia y perseverancia.

La mentalidad a largo plazo: Las inversiones exitosas requieren una mentalidad a largo plazo. En un mundo donde la gratificación instantánea es valorada, la paciencia y la perspectiva a largo plazo son fundamentales. Una mentalidad a largo plazo nos permite resistir la volatilidad del mercado y evitar decisiones impulsivas basadas en eventos a corto plazo. Nos ayuda a centrarnos en nuestros objetivos a largo plazo y a tomar decisiones informadas y fundamentadas en lugar de caer en la tentación de buscar ganancias rápidas.

La importancia de la gestión emocional: Las inversiones están intrínsecamente ligadas a las emociones. El miedo, la codicia, la euforia y la incertidumbre pueden influir en nuestras decisiones y conducir a resultados subóptimos. La gestión emocional es clave para mantener una mentalidad equilibrada en las inversiones. Esto implica reconocer y controlar nuestras emociones, evitar reacciones impulsivas y basar nuestras decisiones en análisis racional y fundamentado.

La influencia de los sesgos cognitivos: Los sesgos cognitivos son patrones de pensamiento predecibles que pueden sesgar nuestras decisiones de inversión. Algunos ejemplos comunes incluyen el sesgo de confirmación, donde buscamos información que confirme nuestras creencias existentes, y el sesgo de aversión a la pérdida, donde evitamos tomar riesgos para evitar pérdidas potenciales. Es importante ser consciente de estos sesgos y trabajar activamente para superarlos. La mentalidad consciente y reflexiva nos ayuda a reconocer y contrarrestar los sesgos cognitivos en nuestras decisiones de inversión.

La importancia de la educación continua: Para desarrollar una mentalidad sólida en las inversiones, la educación continua es esencial. Mantenernos actualizados sobre los avances en el mercado, aprender nuevas estrategias y técnicas, y mejorar constantemente nuestros conocimientos financieros son fundamentales para tomar decisiones informadas y fundamentadas. La educación nos brinda una base sólida para desarrollar una mentalidad adecuada y nos ayuda a aprovechar al máximo nuestras oportunidades de inversión.

En resumen, las expectativas y la mentalidad desempeñan un papel crucial en nuestras decisiones de inversión. Tener expectativas realistas, desarrollar una mentalidad de crecimiento y a largo plazo, gestionar emocionalmente nuestras decisiones, superar los sesgos cognitivos y buscar una educación continua nos ayudan a tomar decisiones informadas y maximizar nuestras oportunidades de éxito en el mundo de las inversiones.

Capítulo 15: La influencia del pasado en nuestras decisiones de inversión

En el mundo de las inversiones, nuestras decisiones están fuertemente influenciadas por nuestras experiencias pasadas. La forma en que hemos experimentado el mercado, nuestras ganancias y pérdidas anteriores, e incluso nuestras interacciones con otros inversores, pueden moldear nuestra mentalidad y enfoque hacia las inversiones. En este capítulo, exploraremos en detalle cómo el pasado influye en nuestras decisiones de inversión y cómo podemos manejar de manera efectiva esta influencia.

Aversión al riesgo basada en experiencias previas: Nuestras experiencias pasadas en el mercado pueden generar aversión al riesgo. Si hemos experimentado pérdidas significativas en el pasado, es natural que desarrollemos cierta precaución y evitemos asumir riesgos similares en el futuro. Sin embargo, es importante reconocer que cada inversión es única y que no podemos basar nuestras decisiones únicamente en experiencias pasadas. Es fundamental realizar un análisis objetivo y considerar los datos y las condiciones actuales antes de tomar decisiones basadas únicamente en nuestras experiencias anteriores.

La influencia del mercado histórico: El mercado financiero tiene ciclos y patrones históricos que pueden influir en nuestras decisiones de inversión. Si hemos experimentado un mercado alcista prolongado en el pasado, es posible que tengamos una mentalidad más optimista y estemos dispuestos a asumir más riesgos. Por el contrario, si hemos vivido una recesión o un mercado bajista, es posible que tengamos una mentalidad más cautelosa y evitemos asumir riesgos significativos. Es importante recordar que el pasado no garantiza el futuro y que cada situación es única. El análisis de los fundamentos y las condiciones actuales del mercado es esencial para tomar decisiones informadas.

La influencia de las interacciones sociales: Nuestras interacciones con otros inversores y profesionales financieros también pueden influir en nuestras decisiones de inversión. Si hemos tenido experiencias negativas al seguir consejos de otras personas o hemos sido influenciados por las decisiones de la multitud, es posible que nos volvamos más cautelosos y desconfiados. Por otro lado, si hemos tenido éxito siguiendo los consejos de expertos o hemos sido parte de un grupo de inversores exitosos, es posible que nos sintamos más confiados y estemos dispuestos a asumir más riesgos. Es importante recordar que cada inversor es único y que nuestras decisiones deben basarse en nuestra propia investigación y análisis.

Superando la influencia del pasado: Aunque es natural que el pasado influya en nuestras decisiones de inversión, es importante superar cualquier sesgo o limitación que pueda surgir de estas experiencias. Algunas estrategias útiles incluyen:

Realizar un análisis objetivo: Al realizar un análisis fundamentado y objetivo, podemos evaluar las condiciones actuales del mercado y las perspectivas de inversión sin estar completamente influenciados por el pasado.

Aprender de las experiencias pasadas: En lugar de dejar que las experiencias pasadas nos limiten, podemos aprender de ellas. Analizar las pérdidas pasadas nos ayuda a identificar errores y evitar repetirlos en el futuro. Del mismo modo, podemos analizar nuestras inversiones exitosas y determinar qué factores contribuyeron a su éxito.

Diversificar nuestras inversiones: La diversificación es una estrategia eficaz para reducir el impacto de cualquier experiencia pasada individual en nuestras decisiones. Al distribuir nuestro capital en diferentes activos y clases de activos, mitigamos el riesgo y nos protegemos de posibles pérdidas significativas.

Mantenerse informado: Estar al tanto de las últimas noticias y tendencias del mercado nos ayuda a tomar decisiones más informadas y fundamentadas. La información actualizada y objetiva nos permite evaluar las oportunidades de inversión sin estar completamente influenciados por el pasado.

En resumen, nuestras experiencias pasadas en el mercado financiero influyen en nuestras decisiones de inversión. La aversión al riesgo basada en experiencias previas, la influencia del mercado histórico y las interacciones sociales pueden moldear nuestra mentalidad y enfoque hacia las inversiones. Sin embargo, es fundamental reconocer que el pasado no garantiza el futuro y que cada situación de inversión es única. Al realizar un análisis objetivo, aprender de las experiencias pasadas, diversificar nuestras inversiones y mantenernos informados, podemos tomar decisiones informadas y maximizar nuestras oportunidades de éxito en el mundo de las inversiones.

Capítulo 16: Cómo desarrollar un enfoque basado en datos y fundamentos sólidos

En el mundo de las inversiones, contar con un enfoque basado en datos y fundamentos sólidos es fundamental para tomar decisiones informadas y maximizar nuestras posibilidades de éxito. Este enfoque nos permite analizar la información disponible, evaluar las perspectivas de inversión y minimizar los sesgos emocionales que pueden afectar nuestras decisiones. En este capítulo, exploraremos en detalle cómo podemos desarrollar un enfoque basado en datos y fundamentos sólidos en nuestras decisiones de inversión.

Recopilación de datos relevantes: El primer paso para desarrollar un enfoque basado en datos sólidos es recopilar la información relevante. Esto implica investigar y analizar los datos financieros, económicos y empresariales pertinentes a las inversiones que estamos considerando. Fuentes confiables como informes de empresas, estados financieros, informes económicos y análisis de expertos pueden proporcionar datos valiosos para respaldar nuestras decisiones.

Análisis objetivo: Una vez que tenemos los datos relevantes, es importante realizar un análisis objetivo. Esto implica examinar los hechos y cifras sin dejarnos influir por prejuicios o emociones. Podemos utilizar herramientas como el análisis financiero, el análisis técnico y el análisis fundamental para evaluar la salud financiera de una empresa, identificar tendencias del mercado y comprender los factores que afectan el rendimiento de una inversión.

Evaluación de los fundamentos: Junto con el análisis objetivo, es esencial evaluar los fundamentos de las inversiones que consideramos. Esto implica examinar los aspectos fundamentales de una empresa, como su modelo de negocio, su ventaja competitiva, su posición en el mercado y su historial de rendimiento. Además, debemos considerar factores macroeconómicos y tendencias del mercado que puedan afectar el desempeño de la inversión a largo plazo.

Gestión de riesgos: Un enfoque basado en datos y fundamentos sólidos también implica una gestión adecuada del riesgo. Esto implica evaluar los riesgos asociados con una inversión y tomar medidas para mitigarlos. Podemos utilizar herramientas como la diversificación, establecer límites de pérdida y utilizar órdenes de stop-loss para proteger nuestro capital y minimizar el impacto de posibles pérdidas.

Aprendizaje continuo: El desarrollo de un enfoque basado en datos y fundamentos sólidos es un proceso continuo de aprendizaje. Los mercados financieros están en constante cambio, por lo que es importante mantenerse actualizado sobre las nuevas tendencias, herramientas de análisis y perspectivas de inversión. Participar en programas de educación financiera, leer libros y artículos especializados, y buscar la orientación de expertos en inversiones son formas efectivas de mejorar nuestra capacidad para tomar decisiones informadas.

En resumen, desarrollar un enfoque basado en datos y fundamentos sólidos es esencial para tomar decisiones informadas y maximizar nuestras posibilidades de éxito en las inversiones. La recopilación de datos relevantes, el análisis objetivo, la evaluación de los fundamentos, la gestión de riesgos y el aprendizaje continuo son componentes clave de este enfoque. Al basar nuestras decisiones en información sólida y fundamentos sólidos, podemos minimizar los riesgos y aumentar nuestras oportunidades de obtener rendimientos positivos en el mercado financiero.

Capítulo 17: La importancia de diversificar y evitar la sobreexposición a riesgos

En el mundo de las inversiones, la diversificación y la gestión adecuada del riesgo son fundamentales para proteger nuestro capital y maximizar nuestras oportunidades de éxito a largo plazo. La concentración excesiva en una sola inversión o sector puede exponernos a un riesgo desproporcionado y potencialmente llevar a pérdidas significativas. En este capítulo, exploraremos en detalle la importancia de diversificar nuestras inversiones y evitar la sobreexposición a riesgos.

Diversificación: La diversificación implica distribuir nuestro capital en diferentes activos y clases de activos. Al hacerlo, reducimos la exposición a riesgos específicos y mitigamos el impacto de una inversión individual en nuestro portafolio. Al diversificar, buscamos combinar activos que tengan correlaciones bajas o negativas, de modo que si un activo tiene un mal desempeño, otros activos puedan compensar esas pérdidas. Esto nos ayuda a minimizar el riesgo y proteger nuestro capital.

Diversificación a través de activos: Una forma común de diversificación es a través de diferentes clases de activos, como acciones, bonos, bienes raíces y materias primas. Cada clase de activo tiene características y riesgos distintos, y su desempeño puede verse afectado por diferentes factores económicos y de mercado. Al invertir en diferentes clases de activos, podemos aprovechar oportunidades de crecimiento y mitigar el riesgo al tener una exposición equilibrada.

Diversificación dentro de una clase de activo: Además de diversificar a través de diferentes clases de activos, también es importante diversificar dentro de una clase de activo en particular. Por ejemplo, si invertimos en acciones, podemos diversificar nuestro portafolio comprando acciones de diferentes empresas en diferentes sectores industriales. Esto nos permite reducir el riesgo específico de una empresa o sector en particular y aprovechar oportunidades de crecimiento en diferentes áreas.

Evitar la sobreexposición a riesgos: La sobreexposición a riesgos ocurre cuando concentramos una gran parte de nuestro capital en una sola inversión o sector. Esto puede ser peligroso, ya que cualquier evento negativo que afecte a esa inversión o sector puede tener un impacto significativo en nuestro portafolio. Para evitar la sobreexposición, es importante establecer límites y diversificar adecuadamente nuestras inversiones. También debemos ser conscientes de los riesgos asociados con ciertos sectores o inversiones de moda y evitar caer en la trampa de seguir ciegamente las tendencias sin una evaluación adecuada de los fundamentos.

Gestión de riesgos: Además de diversificar, es esencial gestionar adecuadamente los riesgos en nuestras inversiones. Esto implica establecer límites de pérdida, utilizar órdenes de stop-loss y tener un plan de salida claro en caso de que las cosas no salgan según lo esperado. La gestión de riesgos nos ayuda a limitar las pérdidas y proteger nuestro capital, incluso en escenarios adversos.

En resumen, la diversificación y la gestión adecuada del riesgo son fundamentales en el mundo de las inversiones. Al diversificar nuestras inversiones a través de diferentes clases de activos y dentro de cada clase de activo, reducimos la exposición a riesgos específicos y protegemos nuestro capital. Evitar la sobreexposición a riesgos y gestionar adecuadamente los riesgos nos ayuda a minimizar las pérdidas y aumentar nuestras posibilidades de obtener rendimientos positivos en el mercado financiero.

Capítulo 18: Estrategias para aprovechar las oportunidades del mercado

En el mundo de las inversiones, aprovechar las oportunidades del mercado es clave para obtener rendimientos positivos y maximizar nuestros resultados. Sin embargo, identificar y aprovechar estas oportunidades requiere un enfoque estratégico y una comprensión profunda de los mercados financieros. En este capítulo, exploraremos diversas estrategias que nos permitirán capitalizar las oportunidades del mercado y aumentar nuestras posibilidades de éxito.

Análisis fundamental: El análisis fundamental es una estrategia que se basa en evaluar la salud financiera y el desempeño de una empresa. Implica examinar los estados financieros, los informes de ganancias, el modelo de negocio y los factores macroeconómicos que pueden afectar el rendimiento de una empresa y su potencial de crecimiento. Al realizar un análisis fundamental exhaustivo, podemos identificar empresas subvaloradas o con perspectivas prometedoras y aprovechar las oportunidades de inversión que ofrecen.

Análisis técnico: El análisis técnico es una estrategia que se basa en el estudio de los patrones de precios y el comportamiento histórico de los activos financieros. Utilizando gráficos y herramientas técnicas, los analistas técnicos intentan identificar tendencias, niveles de soporte y resistencia, y señales de compra o venta. Al utilizar el análisis técnico, podemos identificar oportunidades de inversión en función de las tendencias del mercado y los movimientos de precios.

Inversiones temáticas: Las inversiones temáticas se centran en oportunidades de inversión basadas en tendencias y temas específicos. Por ejemplo, podemos invertir en sectores como energías renovables, inteligencia artificial, salud y bienestar, o tecnología disruptiva. Al identificar y comprender las tendencias emergentes y las necesidades del mercado, podemos capitalizar las oportunidades de inversión en sectores en crecimiento y obtener rendimientos significativos.

Estrategias de inversión a largo plazo: La inversión a largo plazo implica mantener nuestras inversiones durante períodos prolongados, generalmente años o incluso décadas. Esta estrategia se basa en la idea de que los mercados tienden a generar retornos positivos a largo plazo, a pesar de las fluctuaciones a corto plazo. Al invertir a largo plazo, podemos aprovechar el poder del interés compuesto y permitir que nuestras inversiones crezcan a lo largo del tiempo.

Inversiones contrarias: Las inversiones contrarias se basan en la idea de que los mercados pueden estar influenciados por la psicología de masas y las emociones de los inversores. Esta estrategia implica ir en contra de la corriente y aprovechar las oportunidades cuando los mercados están sobrevendidos o sobrecomprados. Al tomar posiciones contrarias, podemos beneficiarnos de las correcciones del mercado y las inversiones infravaloradas.

Inversiones en mercados internacionales: Diversificar nuestras inversiones en mercados internacionales nos permite aprovechar las oportunidades de crecimiento en diferentes regiones del mundo. Cada país tiene su propia economía, sectores industriales y condiciones macroeconómicas, lo que crea oportunidades únicas de inversión. Al invertir en mercados internacionales, podemos diversificar nuestro riesgo y acceder a empresas y mercados en crecimiento.

Inversiones en activos alternativos: Además de las inversiones tradicionales en acciones y bonos, los activos alternativos, como bienes raíces, materias primas, criptomonedas y fondos de capital privado, ofrecen oportunidades de inversión adicionales. Estos activos pueden tener un perfil de riesgo-recompensa diferente y proporcionar diversificación en nuestro portafolio. Al considerar inversiones en activos alternativos, es importante comprender sus características y riesgos únicos.

Al aplicar estas estrategias de inversión, es importante recordar que cada una tiene sus propias ventajas y desventajas, y lo que funciona en un contexto puede no funcionar en otro. Es crucial realizar una investigación exhaustiva, contar con un plan de inversión bien definido y consultar con profesionales financieros calificados antes de tomar decisiones de inversión.

En conclusión, aprovechar las oportunidades del mercado requiere un enfoque estratégico y una comprensión profunda de los mercados financieros. Mediante el análisis fundamental y técnico, las inversiones temáticas, las estrategias a largo plazo, las inversiones contrarias, las inversiones internacionales y los activos alternativos, podemos capitalizar las oportunidades y aumentar nuestras posibilidades de obtener rendimientos positivos en el mercado financiero.

Capítulo 19: Cómo evaluar y gestionar el rendimiento de las inversiones

Una vez que hemos realizado nuestras inversiones, es fundamental evaluar y gestionar su rendimiento de manera efectiva. Esto nos permite tomar decisiones informadas, realizar ajustes necesarios y maximizar nuestros resultados. En este capítulo, exploraremos en detalle cómo evaluar y gestionar el rendimiento de nuestras inversiones para asegurarnos de que estamos en el camino correcto hacia nuestros objetivos financieros.

Establecer metas claras: Antes de evaluar el rendimiento de nuestras inversiones, es esencial tener metas financieras claras y específicas. Esto nos proporciona un punto de referencia para evaluar si nuestras inversiones están en línea con nuestros objetivos. Las metas pueden incluir la acumulación de un cierto nivel de riqueza, la generación de ingresos pasivos o el logro de una jubilación cómoda. Al tener metas claras, podemos evaluar si nuestras inversiones están generando el rendimiento necesario para alcanzar esos objetivos.

Medir el rendimiento de forma adecuada: Para evaluar el rendimiento de nuestras inversiones, necesitamos utilizar medidas y métricas adecuadas. Algunas de las métricas comunes utilizadas incluyen el rendimiento total, la tasa de rendimiento anualizada, el rendimiento relativo al mercado y el rendimiento ajustado al riesgo. Cada métrica ofrece una perspectiva diferente sobre el rendimiento de nuestras inversiones y nos ayuda a evaluar su desempeño de manera más precisa.

Revisar regularmente el rendimiento: La revisión regular del rendimiento de nuestras inversiones es esencial para asegurarnos de que están en línea con nuestras expectativas. Esto implica realizar análisis periódicos de nuestros portafolios, examinar los estados de cuenta, revisar los informes de rendimiento y compararlos con nuestras metas financieras. La revisión regular nos ayuda a identificar cualquier desviación o debilidad en nuestras inversiones y nos permite tomar medidas correctivas de manera oportuna.

Evaluar el riesgo: Al evaluar el rendimiento de nuestras inversiones, también debemos tener en cuenta el riesgo asociado. No solo debemos evaluar cuánto estamos ganando, sino también cuánto riesgo estamos asumiendo para obtener esos rendimientos. Al evaluar el rendimiento ajustado al riesgo, podemos determinar si nuestras inversiones están generando un rendimiento adecuado en comparación con el nivel de riesgo que estamos asumiendo.

Realizar ajustes estratégicos: Si nuestras inversiones no están cumpliendo con nuestras expectativas o no están generando el rendimiento deseado, es importante realizar ajustes estratégicos. Esto puede implicar diversificar nuestro portafolio, reasignar los activos, eliminar inversiones subperformantes o buscar nuevas oportunidades de inversión. Al realizar ajustes estratégicos de manera proactiva, podemos mejorar el rendimiento de nuestras inversiones y maximizar nuestros resultados a largo plazo.

Consultar con profesionales financieros: Evaluar y gestionar el rendimiento de nuestras inversiones puede ser complejo y requerir un conocimiento profundo de los mercados financieros. Por lo tanto, es recomendable consultar con profesionales financieros calificados que puedan brindarnos asesoramiento experto y ayudarnos a tomar decisiones informadas. Los asesores financieros pueden ayudarnos a analizar el rendimiento de nuestras inversiones, identificar áreas de mejora y desarrollar estrategias personalizadas para alcanzar nuestros objetivos financieros.

En resumen, evaluar y gestionar el rendimiento de nuestras inversiones es esencial para asegurarnos de que estamos en el camino correcto hacia nuestros objetivos financieros. Al establecer metas claras, medir el rendimiento de manera adecuada, revisar regularmente, evaluar el riesgo, realizar ajustes estratégicos y contar con el apoyo de profesionales financieros, podemos tomar decisiones informadas y maximizar nuestros resultados en el mercado financiero.

Capítulo 20: Conclusiones: Construyendo una mentalidad ganadora en las inversiones

A lo largo de este libro, hemos explorado diversos aspectos relacionados con la psicología de las inversiones y cómo influyen en nuestras decisiones financieras. Hemos analizado los sesgos cognitivos, el papel de las emociones, el miedo y la aversión a las pérdidas, la codicia y la sobreconfianza, el efecto manada y la influencia de la psicología social, la toma de decisiones racionales vs. emocionales, la importancia del autoconocimiento, la gestión del miedo y la ansiedad, la influencia de los medios y la volatilidad del mercado, la confianza en la intuición y la experiencia, la paciencia y la disciplina, la gestión del riesgo, las expectativas y la mentalidad, la influencia del pasado y el enfoque basado en datos, y la importancia de diversificar y evitar la sobreexposición a riesgos.

Ahora, en este capítulo final, vamos a resumir y destacar las principales conclusiones que hemos obtenido a lo largo de nuestro viaje en el mundo de las inversiones y la psicología financiera.

La psicología importa: La psicología desempeña un papel fundamental en nuestras decisiones financieras. Los sesgos cognitivos, las emociones y la influencia social pueden afectar nuestras decisiones de inversión de manera significativa. Es importante ser conscientes de estos factores y aprender a gestionarlos de manera efectiva.

Conocerse a uno mismo: El autoconocimiento es clave en el proceso de inversión. Debemos comprender nuestras metas, tolerancia al riesgo, fortalezas y debilidades. Conocer nuestras propias motivaciones y sesgos nos ayuda a tomar decisiones más informadas y alineadas con nuestros objetivos.

Equilibrar la razón y la emoción: En las inversiones, es importante encontrar un equilibrio entre la toma de decisiones racionales y emocionales. Debemos utilizar información y análisis objetivos, pero también estar conscientes de nuestras emociones y cómo pueden influir en nuestras decisiones. Tomar decisiones basadas únicamente en la emoción puede llevar a resultados adversos.

La importancia de la disciplina y la paciencia: La disciplina y la paciencia son virtudes esenciales en el mundo de las inversiones. Debemos seguir nuestra estrategia a largo plazo y resistir la tentación de tomar decisiones impulsivas basadas en movimientos a corto plazo del mercado. La paciencia nos permite esperar a que nuestras inversiones maduren y den frutos.

Gestión del riesgo: La gestión del riesgo es fundamental para proteger nuestro capital y minimizar las pérdidas. Diversificar nuestras inversiones, establecer límites de exposición y utilizar herramientas de gestión de riesgos nos ayuda a mitigar los impactos negativos de las fluctuaciones del mercado.

Aprender de la experiencia y buscar el aprendizaje continuo: Las inversiones son un proceso de aprendizaje constante. Debemos estar abiertos a aprender de nuestras experiencias, tanto de los éxitos como de los fracasos. Además, debemos mantenernos actualizados con los cambios en los mercados y la industria financiera para tomar decisiones informadas.

Construir una mentalidad ganadora: Para tener éxito en las inversiones, debemos construir una mentalidad ganadora. Esto implica desarrollar una actitud positiva, mantener la perseverancia frente a los desafíos, ser flexible y adaptarnos a las condiciones cambiantes del mercado, y estar dispuestos a tomar riesgos calculados.

En resumen, construir una mentalidad ganadora en las inversiones requiere un equilibrio entre la razón y la emoción, la disciplina, la gestión del riesgo y el aprendizaje continuo. Al aplicar los principios y estrategias discutidos a lo largo de este libro, podemos aumentar nuestras posibilidades de lograr el éxito financiero y alcanzar nuestros objetivos de inversión.

Recuerda, las inversiones son un camino lleno de desafíos y oportunidades, y cada individuo tiene su propio enfoque y estilo de inversión. Utiliza este conocimiento como una base sólida para construir tu propio camino hacia el éxito financiero, adaptándolo a tus necesidades y circunstancias personales.

Epílogo:

A lo largo de este libro, hemos recorrido un camino de descubrimiento en el fascinante mundo de la psicología y las inversiones. Hemos explorado la importancia de la mente del inversionista y cómo influye en nuestras decisiones financieras. Hemos analizado los sesgos cognitivos, las emociones, el miedo, la codicia y el efecto manada, entre otros aspectos clave que pueden afectar nuestro desempeño en el mercado.

Hemos aprendido que la toma de decisiones financieras es un proceso complejo que involucra tanto la lógica como las emociones. La racionalidad y la información son fundamentales, pero también lo son el autoconocimiento, la paciencia y la disciplina. Hemos descubierto cómo la gestión del riesgo, la diversificación y la confianza en nuestra intuición y experiencia pueden ser elementos clave en nuestro éxito como inversionistas.

En este viaje, también hemos reflexionado sobre la importancia de desarrollar un enfoque basado en datos y fundamentos sólidos, evitando caer en las trampas de la especulación y el ruido del mercado. Hemos explorado la influencia del pasado en nuestras decisiones y cómo podemos aprender de él para tomar decisiones más informadas en el presente.

A lo largo de cada capítulo, te he proporcionado estrategias prácticas y consejos para gestionar el miedo, evitar la sobreexposición a riesgos, aprovechar las oportunidades del mercado y evaluar y gestionar el rendimiento de tus inversiones de manera efectiva.

Pero recuerda, la inversión es un viaje personal y único. No hay una fórmula mágica ni una estrategia infalible. Cada individuo tiene su propio enfoque y estilo de inversión. Lo que hemos explorado en este libro es un conjunto de herramientas y conocimientos que puedes utilizar como base para construir tu propio camino hacia el éxito financiero.

En última instancia, el éxito en las inversiones no se mide solo por el rendimiento de tu cartera, sino también por tu capacidad para mantener una mentalidad ganadora a lo largo del tiempo. La perseverancia, la adaptabilidad y la capacidad para aprender de los errores son aspectos esenciales para alcanzar tus metas financieras a largo plazo.

Te animo a seguir aprendiendo, a explorar nuevas ideas y a adaptarte a un entorno cambiante. Nunca dejes de cultivar tu mente y de ampliar tus conocimientos sobre las inversiones. Continúa desarrollando tu capacidad para tomar decisiones informadas y confía en tus habilidades como inversionista.

A medida que te adentres en el emocionante mundo de las inversiones, recuerda siempre mantener una visión clara de tus objetivos, tomar decisiones fundamentadas y confiar en tu capacidad para gestionar el riesgo. No te dejes influenciar por las emociones del mercado ni por las opiniones de los demás. Construye una mentalidad ganadora basada en la confianza en ti mismo y en tu capacidad para tomar decisiones informadas.

Agradezco haber sido tu guía en este viaje de descubrimiento. Espero que este libro te haya brindado las herramientas y los conocimientos necesarios para desbloquear tu potencial como inversionista y alcanzar el éxito financiero que deseas.

Recuerda que el camino hacia el éxito financiero puede tener obstáculos, pero con determinación, perseverancia y una mentalidad sólida, puedes superar cualquier desafío que se presente en tu camino.

www.ingramcontent.com/pod-product-compliance
Lightning Source LLC
Chambersburg PA
CBHW071516220526
45472CB00003B/1045